AF200626

Tim Sturhan

Vertrauter Birkenwald

Gedichte

Herstellung und Verlag:
BoD - Books on Demand, Norderstedt
ISBN 978-3-7448-7537-0

Eine Welle fließt auf den Strand des Lebens
Dessen gewaltige Schönheit lässt sie staunen
Die Welle kommt, die Welle geht
und da ist kein Problem darin

Und am Ende ist da kein Tod
Nur das weite Meer mit seiner Tiefe
In das die Welle heimkehrt

Nichts
Bleibt zurück von Ihr
Am Strand des Lebens

*

Regale
Voll bis Oben
Männer in Roben
die weisen Bücher loben
Buch um Buch
Studieren sie und schenken Suchern
Die kommen um zu lernen
Lichtblicke für ihr Leben
Segen

*

Die Tanne harzt, es duftet
Pilze quellen fleißig aus dem nassen Boden
Ein Teppich grünt aus Moosen
So geh ich tiefer noch hinein

Ich habe bald die Zeit vergessen
Es wird kühler denn es dunkelt
Hab mich wohl verirrt zur Nacht
Bald fressen mich die Wölfe

Doch dort und hinter Nebel nistet eine Hütte
Lieblich warme Fenster blitzen
Hervor ins Niemandsland
Des düster-schweren Wald-Geästs

Der gute Förster rettet mich
Er lässt mich ein in seine zeitenlose Stube
Es knistert ein Feuer im steinernen Kamin
Tote Tiere starren von den Wänden staubbedeckt

Zur Nacht zeigt er mir eine Kammer
Erschöpft falle ich in einen tiefen Elfenschlaf
Im Traume treff ich all die wilden Wesen dieses
Waldes
Und sie berichten mir was keiner weiß

Der Morgen kommt es dämmert
Der Förster kocht Kaffee
Ich erzähle von der Stadt
Da will er niemals wieder hin

*

Es Winter-knarzt die Hütte dort am Waldesrand
Nur das nötigste: Feuer, Kessel, Tee er fand

In die Medienstille ist er eingekehrt
Miniatur-Universum im Wildnis-Land
Kerzenschein am Abend
Und dazu ein gutes Buch

Monate dauert hier die Nacht
Bei Vollmond heulen Klischee-besetzt die Wölfe

Allein sein
All Ein
Sein

*

Frischer Wind in engem Tal
Nach endlosem Winter erwacht
Der gold'ne Frühlings-Gral

Neues Leben keimt
Noch unsichtbar im Boden
Bald durchstößt das Potenzial
Zur Form gelangt
Den Pflanzen-Teppich
Einer andren Welt

*

Der Medien-Pegel steigt
Ich schnappe nach Ruhe

Nach überlastenden Stunden
Überschwemmt der Damm

Die Sucht lässt ihn brechen
Ich finde mich nicht

In der Erschöpfung
Schleicht ein tiefer Schlaf heran

Das Nichts erlöst mich
Mystisch entschwunden

Bis am Morgen dann
Eine ganze Welt erneut entsteht

*

Barfuß mit Ihr
Klatschend durch den Regen patschen
Hin durch Wiesengrün
Einen neuen Weg erschaffen

Sitzen
Überschwemmtes Ufergescheh'n
Auf einem alten Holz so nah
Und gemeinsam träumen

Pause halten
Gänsehaut und Sommerflut
Mitten im Donnerblitz-Geschehen
Wo jeder Blitz der letzte sein kann
Da manchmal auch
Ein Kuss entsteht

*

Stahl-graue Röhre schwimmt
Stürmisch und feindlich
Wartet die See
Ein Gruß noch
Es mag der letzte sein

Überraschend dann still
Und Wasser-ummantelt
Tief in der See
Ein Brief an Sie
Es mag der letzte sein

Des Nachts auf einsamer Brücke steht
Der Jüngling für Stunden hält Wacht
Darauf ein paar Momente in wechselnder Schicht
Ein Schläfchen noch
Es mag das letzte sein

Ein Treffer am Heck
Es ist zu spät
Ein Gebet noch
Es muss wohl das letzte sein

Am Grunde ein Grab
Grässlich und grau
Noch immer herrscht Krieg
Es gibt keinen Sieg

*

Vergangenes Jahrtausend
Eine letzte Rast
Kanadischer See mit Sonne
Ich filme Geschichte
Vater sitzt auf einem Felsen
Raucht Zigarillo
Und ach dieser Wind
Immer dieser Wind
Begleitet uns nach Haus

*

Sommerabend mit Hundegebell
Von der Straße gelegentlich
Motorenbrummen.
Eine Taube segelt verwirrt
Zum Fenster herein
Ohne Ring am Bein
Ein paar Momente
dann besinnt sie sich
Sie macht kehrt und verschwindet
in der warmen Sommerluft

In den benachbarten Fenstern gehen
Nach und nach
Die gelblich
scheinenden Lichter an
Nur vereinzelt meldet sich die
Eine oder andere Amsel
von einem nahen Giebel
Manche schimpft und
Flieht quer durch den Garten
Dort unten.
So geht es weiter bis sie endlich
Schlafen gehen

Schließlich erlöschen nach und nach
Die Lichter
Wie Augen, die sich in träumerische
Schwärze hinein dem Nichts ergeben.
Und dem ein oder anderen wird sogar
Ein Traum geschenkt

*

Vergessen höhlt mich aus
Vergeblich frage ich
Was gestern war
Oder gar vor einer Stunde
So geht es langsam dahin
Und bergab

Und doch:
Das Gras wächst fröhlich weiter
Völlig mühelos
Schießt es hinauf

Und auch die Welt
Als ganzes
Dreht sich weiterhin

Auch die Vögel finden noch immer
Den Weg in bessres Wetter.
Im Süden weilen sie
Und vergessen
Nie

*

In Spiralen
Und Fraktalen
Vom Schneckenhaus
Zur Galaxie
Und jede Flocke atmet
Einmaligkeit

*

Ein Wind wirbelt
Am Waldrand
Totes Laub
Ach ihr Blätter bunt:
Filigran verästelt
Landkarte des vergangenen
Sommers

Und so ist das Ende
Farbenfroh
Ein Blatt wird zu Boden
Wird Baum und wieder Blatt
Nichts und alles
Bleibt was es ist

*

Auf dem Drahtesel
Am Kanal entlang
Der Schleuser riecht schon
Den Regen.
Er ereilt uns am Abend
Morgens
Wieder Sonnenschein

*

Ein Sturm hat über Nacht
Flüsse und Seen mitgebracht.
Auf einer Insel steht sein Zelt
Eine kleine, trockne Welt
Im Innern
Ruht

Auf der Fähre sicher
Kann er die Kleider trocknen
Dann am andern Ufer
Geht er tief ins Innenland hinein.
Folgt dem Duft des Sommerwaldes.
Im Zentrum setzt er sich erneut
zur Ruh

*

Ich schaute einen alten Film
Großmutter im Vogelpark
Sonne und Gefieder
Ach das ist so lang
Schon her

*

Die Spuren im Boden berichten
Das Haus ist schon alt
Vielleicht stand hier oder da
Eine Maschine mit heut unbekannter
Funktion
Längst von der Moderne überholt
Zerlegt
Oder ganz eingeschmolzen
In jedem Fall vergessen

Nun sind wir hier am Werk
Uns wird es nicht anders ergeh'n
So werden in tausend Jahren
Archäologen erfahren
Was heute noch morgen ist
Und dann tief vergraben

*

In Japan blühen die Knospen
Immer besonders zart.

Und die Menschen verneigen sich
Und flüstern in der Bahn

*

Ich wollt ich könnt mich wie die Tauben
Wann und wo ich mag
Ob nachts oder am Tag
Lebendig in den Himmel schrauben

Ich mag es wenn sie mit den Flügeln
klapsen
Wenn sie gurren
Wenn sie in den Schwärmen flattern
Oder auf den Gassen tapsen

Im Winter plustern sie sich auf
Und wenn im dunkeln
Ihre Augen funkeln
Dann passt der Herr persönlich auf sie auf.

Sie picken so gerne
Kinder scheuchen sie sehr
Das ganze graue Heer
Synchron in der Ferne
Verfliegt

*

Sitzgelegenheit am Straßenrand
Und stündlich kommt kein Bus vorbei
Da muss man länger warten
Und Pusteblumen zählen

Die kleine Haltestelle
Mit dem Schild
Und dahinter das Kartoffelfeld
Und ein neuer Regen bahnt sich an

Ich sitz so da
Weiß kaum wie lang
Komme aus dem nahen Dorf
Jetzt such ich Häuserschluchten

Tief dazwischen gibt es dort
Eine ganze neue Welt zu seh'n
Aus Gullis qualmt es an Septembertagen
Und Abgase füllen beißend die Luft

So sitz ich da
Wer sitzt mag denken
Eigentlich könnt ich's mir schenken
Was will ich da?

Es muss weit sein noch dazu
Am fahlen Horizont
Sind drei Windräder zu erahnen
Da dreht sich aber nichts.

Es wird spät
Heute kommt kein Bus vorbei
Vielleicht niemals
Und der Regen ist da
Ich gehe zurück
Nach Haus

*

Manch ein Penner ist ein Kenner
Der will nichts und der braucht nichts
Der sucht nichts und der findet nichts
Und dennoch spielt er
Auf der Flöte
Ein Lied

Massen von Menschen hechten vorbei
Keiner hört, keiner sieht ihn.
Und in einer Sommerbrise
Schaut er den Klängen nach
Und denkt:
Es ist Zeit
Zu gehen

*

Wo niemand treibt
Da treibt man dahin.
Wo niemand lenkt
Da verpasst man die Spur
Wo keiner belebt
Da lebt man kaum
Wo keiner wacht
Da stirbt man
Im Traum

*

Unfassbar:
Dass wir nicht für immer leben
Dass wir einst vergessen sind
Dass all unser Bestreben
Verwehen muss im Wind

Erleichternd:
Dass wir nicht für immer leben
Dass wir einst vergessen sind
Dass all unser Bestreben
Verwehen muss im Wind

Hoffnungsvoll:
Dass die Seele leben wird
Dass ein guter Hirt uns liebt
Dass wir wenn wir sterben
Ewig sind

*

Ich lese so gern
An knisternden Kamintagen
Wenn die Hütte sich im Schnee
Verbirgt

Ohne ein Geräusch
Schleicht ein Lux vorbei
Eine Pluster-Meise schweigt im Baum
Und die Sonne hat das Land
Vergessen

Ich tauche ein in ein Gedicht
Schwelge in der Stimmung
Über Stunden, ganze Tage
Bleib ich an dem Grunde
Denn ein Gedicht ist Lebensstoff

Dann und wann koche ich Kaffee
Und aus dem kleinen Fensterkreuz
Leuchtet's auf den vertrauten Birkenwald
Dicht und Hoch rahmt er mich ein

An manchem Abend koche ich
Milchreis mit Zucker, Zimt und Kirschen heiß
Dann noch einen Pudding
Ich verliere mich im Geschmack

Tief in der Nacht
Finde ich unter die weiche Decke
Schlafe tief hinein in den
Schwarz und weißen Märchenwald

Als die Sonne auch im Frühjahr nicht kommt
Wird es mir langsam befremdlich
Ich krame nach zwei vollen Batterien
Und belade damit das Radio
Schnorchel zur Welt

Und wirklich
Von dort erfahre ich
Die Welt steht still
Und dreht sich nicht

Das ist das Ende sagt ein Denker
Die eine Hälfte der Welt ist heiß
Die andre immer kälter
Dazwischen gibt es nichts

Ich wusste ohnehin
Das ich wenn ich am Ende bin
Diesen Erdenraum verlassen muss
Ich dreh das Gerät ab
Und lese ein weiteres
Gedicht

*

Japan ist so zärtlich zur Kirschblütenzeit
Ach dorthin ist es so weit!

Ein Tee wird zur Poesie
Ein Blumenstrauß zum Paradies

Dort zieht man Eingangs die Schuhe aus
Und die Wände sind aus Papier

Ein Schüler pflegt versunken
Den Garten in den Nebel-Bergen

Sich bewusst zu entscheiden
Auszusteigen
Kommt auch dort nicht häufig vor

Fernab der Millionen
Verbirgt sich Zen

*

Nach langer Wildnis-Wanderung
Einsam Einkehren mit ihr
Hölzerne Stube in den Bergen

Wolkeninsel und Kakao
Und am Abend verschwindet die Sonne
Kuschelnd am Kamin

Nebel-Tage
Zurückgezogenheit
Waschen im Schmelzwasser

Leise Lieder im Kerzenschein
Mitgebrachtes Karamell
Einsetzender Regen

Draußen ein Sturm
Drinnen ein lauschen
Gute Nacht

*

Viel zu bald
Wird aus dem Sommer
Ein abgemähtes Stoppelfeld

Stöbern im Lebensmuseum
Teilnehmen an der hohen Kunst
Dein Gemälde:
Übergroß und doppelt schön
War das wirklich vorgestern?

Mausgraues Haar
Nahe vertraut
Sind wir wirklich so spät dran?

Ja doch, denn:
Unsre Reifen sind abgefahren
Unser Tank hat sich geleert als sei ein Loch darin
Bald schon lassen wir den Wagen stehen und
gehen
Das letzte Stück zu Fuß
und Hand in Hand
Nach Haus

Dort angekommen bleiben uns
Momente nur
Und wir wissen darum
Also:
Komm
Lehn dich zurück und
Lehn dich an
Ein Lied hab ich noch
Und eine schwache Stimme auch

Danke für die Zeit
Hoffnung auf die Ewigkeit
Mit Dir
Einfach nur mit Dir

*

Im Sommerwald die Natur erkunden
Und jede Biegung bringt ein neues Bild
Sonne, Schatten, Blätterschimmern
Wie seit Milliarden von Jahren

Die Sonne muss am Abend untergeh'n
Langsam zieht ein heller Mond herauf
Auch die Sterne sind zur Stelle
Wie seit Milliarden von Jahren

Es ist ein Abenteuer
Entblößt unter dem Sternenzelt ein Mensch zu
sein
Und nicht zu wissen
Was man ist und was man war und sein wird
Wer bin ich?
Fragt sie an die Nacht gewandt

Am Morgen geht die Sonne auf
Wie seit Milliarden von Jahren

Und sie kann weiterzieh'n
Und sich weiter dreh'n
Und wiederkehren
Wie seit Milliarden von Jahren

*

Mikrokosmos

Ein Hauch Wind

Lässt das Gras erzittern

Eine Ameise krabbelt durch ihre Welt

Das sogenannte Unkraut sprießt

Zwischen Fugen und Ritzen

Und ein erstes Blatt fällt tot herab

Auf die Pflastersteine des Lebens

*

Manchmal geht Vater in sein dunkles Arbeitszimmer
an seinen alten Schreibtisch und dreht
Den Schlüssel im Schubladenschloss
Und entdeckt viele Gesichter

Ein antiker Taschenrechner
Damals 500 deutsche Mark
Liegt da und die Batterien sind entfernt
Ob der noch gehen würde?
Die roten Ziffern leuchteten doch
einst so schön

In einer vergilbten Schachtel finden sich
zackige Marken, Anstecknadeln
Angler-Blei, Altes Kleingeld
Ein paar besonders schöne Knöpfe
Und noch vieles mehr

Da ist auch, wohl verborgen
Der ein oder andere goldene Orden.
Ganz bescheiden liegen sie hier
Sie erinnern sich noch
Weit reicht ihr Gedächtnis zurück
An ein vergangenes
Jahrtausend

*

Da gibt es einen guten Mann
Der sammelt altes Eisen
Eine kecke Melodie dröhnt in den Ohren
Der schrottreife Wagen fährt
Langsam durch die Gasse
Einige Menschen kommen heraus
Und schmeißen alles auf den Wagen
Wie gewünscht
Dann verschwindet die Karre
Mit dem Eisenmann
Für immer

*

Eine Theke
So lang wie ein ganzes Hundeleben
Draußen wäscht der Regen
Die Welt hinfort

Eine kleine Fliege
ertrinkt im Kaffee
Letzte Überlebende
Eines besonders heißen Sommers

Am großen Fenster sitzen
Menschen mit leerem Blick laufen
Vorbei nach nirgendwo
Und denken
Ach, immer dieses Denken!

Mit einer neuen Tasse
Dreht der Globus sich schon viel langsamer
Auch die Menschen rennen nun in Zeitlupe
vorbei
Und keiner weiß warum

Sterbende bereuen oft zu wenig
Freude am Dasein gehabt zu haben.
Sei!
Aufwachen!

Eine schöne Seele spiegelt sich
 in den Augen einer jungen
Passantin
Da ist sie!
Geh schnell hin!
Sonst geht sie dir verloren!
Und mit ihr ein
Ganzes
Universum!

*

Nach heißen Tagen
Wird es nun kühler
Der Wind weht leise
Durch das gekippte Fenster
Unterm Dach

*

Als ich aus dem Buchladen wieder auftauchte
War ein ganzes Zeitalter vergangen
Die Menschen trugen eine neue Mode
Trugen neumodische Hüte auch

Entschuldigen Sie
Wo leben wir?
Fragte ich
Zaghaft

Wir leben im Zeitalter
Der Sehnsucht
Nach gestern
Heute

Wo ist der Ausgang?
Ihr Buch ist der Eingang
Danke
Guten Tag

Ich klappte den Gedichtband auf und
las die knappen Gedichte von Vorgestern
Kein Wort von der Sehnsuchtsgesellschaft
Morgen

*

Suchst Du mich?
Ich bin nur ein Stück weit aus
Der Sonne getreten

Welten ziehen vorbei
Wir Reisen
Im Schatten der Nacht

Weißt Du was das ist?
Es handelt sich um Mondgestein
Ach, so fühlt sich das also an
Das Außerirdische

Und das?
Das ist ein entfernter Stern
Der nun nahe herangekommen ist
Äußerst selten
Ein Flimmern in der Dunkelheit

Du versuchst ihn vielleicht schon
Zu greifen
Jedoch: Sterne sind völlig freie Wesen
Sie strahlen
So viel Licht aus

Und was wir von ihnen sehen
Ist bereits
Vergangenheit

Lass uns treffen
In zwei oder drei
Lichtjahren
Auf dem Weg nach
Andromeda

*

Vor meiner Geburt lebte ich
Auf der Sternenwiese
Hinter dem Mond
Aber immer unter
Der Sonne

*

Es ist eine sonderbare Stimmung
Die jeder Winter mit sich bringt
Das Licht ist so verwunschen anders
Ich denke schon an Weihnachten und Tee bei Ihr

Bei Ihr, die ich nie mehr sah seither
Ob sie jetzt auch gerade Wasser kocht?
Ob sie
Kühn das zu erwägen
Ab und zu noch an mich denkt?

*

Da stehen sie
All meine
Bücherkameraden
Im Licht einer vertrauten
Abendsonnen-Symphonie

Die Tage werden wieder kürzer
In der Ferne krächzt eine Krähe
Vergebens nach ich weiß nicht was

Eine Mülltonne wird zugeklappt
Motorengeräusche zerstören für einen Moment
Die eigentlich so unbequeme Stille
Der Kleinstadt

Da Hör hin
Da piepst es vom moosigen Nachbardach
Verlegen
Ein Pieps-Lebendiges Federknäuel
Die Paarungszeit bereits
Versäumt

19:35 Uhr
Noch eine Menge Sternenstrahlen übrig
Ich würd ja gehen

Wär ich nicht schon so
Dämmrig in mir drinnen
So müde vom langen Tag
Der auch morgen wieder
Früh beginnt

Und doch, ja
So ist es gut
Da ist Leben drin
So früh am Tag

Und nun schlafe ich schon einmal vor
Nur ein klein wenig, versteht sich
…
Dann plötzlich erwache ich und
Morgen
Ist schon wieder
Heute

*

Ein Knacken
Geht durch den Wald
Wie ein abbrechender Mercedesstern
Aber ganz natürlich und viel lauter

Über ein Jahrhundert
Rindengeschichte
Tausend Blätter geboren
Jahr für Jahr
Nun fällt er ganz und Blitz
Zu Boden

Nachfahren ragen bereits
Und recken sich nach oben
Schließen aber schon nach Jahren
Das Loch im
Blätterdach

*

Nacht über Rumänien
Der Zug donnert
Durch die Dunkelheit

Ich wanke noch durch die Waggons
Eine Tür ist offen nach draußen
Wo unsichtbar die Landschaft
Vorbeirauscht

Ich entdecke in all dem Lärm
Ein leeres Abteil und falle
In einen unruhigen Schlaf
Träume von den Blitzgewittern über den fremden
Hügeln
Begleiten mich in einen nebligen Morgen

Transsilvanien ist bald erreicht
Es gibt Kaffee im ratternden Bistro

In den Wäldern, durch die wir hier fahren
Leben noch Bären und Wölfe
Man fährt Pferdefuhrwerk
Nur die kleinen Taxis sind von Dacia

Dann ist das Ziel erreicht
Ein guter Ort für lange Wanderungen
Kein Mobilfunk
Verregnet aber grün

*

In Omis Häuschen
War die Tür stets offen

Geburtstagsfeier zum achtzigsten
Kuchen unter Apfelbäumen

Eine Kuh schaut über die lange Hecke
Sommer

*

Lieblingssommer

Bei Großmutter im Norden
Gab's zum Sommer immer zwanzig Mark
Damit ging es zum Spielzeugladen

Seifenblasen und Fallschirmfiguren
Kleine Autos mit echtem Blaulicht
Frisbees und Bumerangs
Für Stunden Zeitvergessen

Frische Brötchen zum Frühstück
Ostseewasser am Mittag
Oftmals Grillen nebst Kühen
Auf der nahen Weide

Nackig durch den Regen rennen
Und schaukeln
So hoch, dass die Füße
Die Wolken streifen

Am Abend Knicklichter bei Zeltgeflüster
Und eine Hörspielkassette

Die Seifenblasen sind längst aufgebraucht
Das Blaulicht ist erloschen
Der Bumerang versank vor langer Zeit im Teich
Und der Springer hängt wohl noch heut im Wipfel

*

Bei den Pfadfindern gab es
Warme Lagerfeuer am Abend
Während ringsum die Kälte Reif
Zu bilden begann

Fruchtkuchen gab es da, duftend,
im Topf gebacken
Gemeinschaft
Kameradschaft galten noch etwas
Da wurde niemals jemand ausgelacht
Und einer achtete auf den anderen!

Nachts im warmen Schlafsack neben einem
guten Freund flüstern
Und am Morgen Schuhe auftauen am Feuer
Zu amerikanischen Pancakes

Mitten im dichten Wald
Für eine Woche,
Schnitzereien und andere Basteleien
Und lernen eine Axt zu führen

Schneebedeckte Zelte an sonnigen Vormittagen
Ich glaube es hätte nicht besser sein können

*

Abschied von Kanada
Morgens noch in Pow-Wow-Lodge
Vor allen anderen
Auf den friedlichen See hinaus
Paddeln
Seelen-Ruhe

*

Bed and Breakfast an der
Kanadischen Weinstraße
Blümchendecken und dicke Polstersofas

Besser als die Motels am Highway
Mit dem immerzu lärmenden Drama

Zum Frühstück Buttertoast
Aus der Pfanne
Unvergessen

*

Bedächtig setzte sie einen Fuß vor den Anderen
Dort auf dem Steg
Über dem Wasser

Manche schauten zu ihr herüber
Denn sie hatte ihre Kleider zurückgelassen
So wie sie überhaupt alles zurückgelassen hatte
Am Strand des Lebens

Ich wäre gern so mutig, wie sie! – dachten alle
Und blieben doch zurück

Sie erreichte das Ende des hölzernen Pfades
Da stand sie an der Kante
Nun brauchte es allen Mut
Sie fasste sich ein Herz
Und sprang hinein

Da verschmolz sie auch schon mit dem Wasser
Mit dem ganzen Meer
Und wurde unendlich
Eins

*

Der Juli-Wind raschelt durch die Blätter
Über mir entschwindet ein Flieger
Richtung Süden
Bald schon werde ich auch so frei sein
Nur noch einmal schlafen

Stimmen tuscheln
Dumpf erreichen sie mein Ohr
Nur nicht schlafen jetzt
Die Pause ist doch bald vorbei
Unaufhaltsam schreitet die Zeit voran

Morgen schon, sieht die Welt ganz anders aus

*

Zieh Dein schönstes blau an
Es will Sommer werden
Und wir gehen Wolken schauen

*

Dort draußen gießt es
Regen über Paris
Die Dachfenster trommeln
Dazu ein gutes Buch und Kaffee
So lässt sich der Herbst ertragen

Am Nachmittag huscht sie ohne Schirm
Über die Straße
Zum Supermarkt
Die Luft ist frisch geworden!

Am Abend macht sie Pfannkuchen
Leise spielt Chopin im antiken Radio
Und es wird eine weitere Regennacht
Über der Stadt

In Gedanken sitzt sie eine Weile noch am Fenster
Schaut die Lichter des Eifelturms
Die in der Ferne glitzern
Und denkt daran:
Sie hat noch immer
Eine Woche frei

*

Über Stunden sinken wir hinab
In die schwarze See
Kilometer Tief

Wenn jetzt etwas schief liefe
Wir wären verloren
Und niemand würde uns je finden

Wir sänken hinab
Wären auf ewig vereint
Mit dem Wrack des einstigen
Riesen der Ozeane

Und es ist genau wie im Film
Und alle müssen staunen

Doch wo sind die Körper?
Das habe ich mich immer schon gefragt
Sie sind nicht hier!
Wir sehen nur Geschirr,
eine alte Taschenuhr und dort
Ein Puppenköpfchen

Wem sie einst gehört haben mögen
Alle diese Dinge
Die einst so schön waren

Glänzend und neu
Und als Geschenk verpackt vielleicht

Wo sind diese armen Seelen jetzt?
Wir können sie nicht sehen.
Jedoch spüren können wir sie
Sie sind nicht weg,
sie sind noch da
und haben auf uns gewartet

Sie wollen uns hier behalten
Schießt es mir durch den Kopf
Dort am Fenster: Winkte da nicht jemand mir zu?
Die Armen: Haben so lange niemanden mehr
gesehen
Niemand lebenden
Sie sind verwirrt, ja ganz bestimmt!
Sie haben nicht mitbekommen, dass
Sie untergingen und das
Bereits vor über einem Jahrhundert

Doch ein U-Boot sammelt keine Seelen
Nur etwas Geschirr, eine alte Taschenuhr, und ein
Puppenköpfchen
werden heute geborgen

Und so verlassen wir diesen denkwürdigen Ort
Und steigen
Zurück
Ins Leben

*

Ich hätt so gern eine Schaukel
Gleich hier, draußen im Garten
Dann würd ich wieder schaukeln,
bis ich ganz wirr bin und
Berauscht von Kindheitserinnerungen

Wagemutig ginge es hoch hinaus und dann
zurück
Und wieder
Und immer wieder!

Schließlich hörte ich auf Schwung zu holen
So würd ich dort sitzen und es einfach
Auspendeln lassen
Und den Abend
Noch ein bisschen
Genießen
Bevor es nach Hause geht

*

Das alte Grammophon spielt
Im Altenstift
„Man müsste nochmal 20 sein"

Und der ein oder andere alte Mensch
Entsinnt sich
Plötzlich und ganz klar
Zurück an gute Tage
Zurück nach damals
Als die Beine noch tanzen konnten

Und es ist ein schöner Abend dort im Altenheim
Und es ist so schade,
dass der ein oder andere alte Mensch
Alles morgen schon vergessen hat

Doch was zählt ist der Moment
Und es lohnt
Oh wie sehr!
„Man müsste nochmal 20 sein!"

*

Der alte Labrador liegt
Verträumt auf der Matte an der Tür
Und denkt dran, wie es früher war
Als er als Welpe mit Herrchen im Garten toben
konnte

Das geht nun nicht mehr
Die Beine sind zu schwer geworden
Und er ist nun ein Greis von 15 Jahren
Und er hat vielleicht nicht mehr lang

Doch seine Erinnerungen
Die bleiben ihm
Und am Ende wird Herrchen sicher
in seiner letzten Stunde
seine Pfote halten

*

Es gewittert über der engen Innenstadt
Gerade haben wir uns untergestellt
Da prasselt es auch schon herab
Wir gehen ins Lichtspielhaus
Hinein und wählen
Einen Film
Der zu uns passt
So genießen wir
diese Romanze
Bis zum Schluss
Wenn der Abspann kommt
Dann gehen wir
Nach Haus und denken
An einen schönen Film
Zurück

*

Im Münster in der Krypta sitzen
Weihrauch atmen und wie
Generationen zuvor
Ein stilles Gebet sprechen
Ich bin da für Dich!

*

Ich brauche das nicht mehr
Keine neue Technik
Oder Meditation
Keine neuartige Therapie
Keine Reinigungen
Oder einen weiteren Workshop
Im Luxushotel
Ich bin
In Frieden
Ich bin

*

Fliegerherz

Überlandflugabenteuer:
Unter einer Wolke segeln
Immer schneller und es geht
Noch immer in die Höhe
Fast hätte sie mich eingesaugt
Doch knapp entfliege ich dem Gewitter
Und rette damit mein
Fliegerherz

Ich kreise über Kühltürmen
Das ist absolut beängstigend:
Immer wieder Wolkenfetzen
Keine Sicht
Blindflug
Und erst dieses rumpeln!
Ich fürchte hinein zu fallen in den
Betonkessel unter mir

Dann über Land einen Riegel essen
Etwas trinken
Das Fliegen endlich wieder genießen

Mit letzter Höhe schieße ich
nach Stunden und am Abend
abenteuerlich riskant
Über die Wipfel hoher Bäume und lande
Sicher auf einem fremden und
Weit entfernten Platz

*

Fliegerseele

Ach, könnt ich doch noch einmal
Über diese Berge segeln über
Tiefe
Schluchten gleiten
Einsame Landschaften entdecken
Und dabei das Dasein spüren

Vielleicht in einer neuen Existenz
Lern ich's nochmal neu und ganz von vorn
Ich träum schon heut davon
In klaren Nächten immer fort
Schwebe ich über all dem und
Lebe

*

Diese Fliegerkameradschaft!

Unvergessen die Alpen
Der entfernte Mont Blanc
Ein mächtiger Thron aus Schnee

Und all die schroffen Felsenkanten die
Das Leben bedrohen

Und am Abend saß man zusammen
Überlebt
Einmal mehr
Und am nächsten Morgen
wollten wir es stets
Erneut riskieren

*

Poetische Landschaften
Erstrecken sich
Über viele wundervolle Seiten

Wo schon ein Wort genügt
Eine Stimmung zu beschreiben
Und ein einziger Satz
Eine Welt
Mit sich bringt
Da bin ich zu Haus

*

Kleine Dichterstube unterm Dach
Geburtsraum neuer Welten

Winzige Märchenstube
Werkstatt neuer Wörter

Behaglicher Erzählraum
Von hier um die Erde

Bunte Sterne erleuchten
an manchem dunklen Abend
Die Phantasie

Und der Dichter sitzt und
Erfreut sich
An seinen Schöpfungen

*